¿POR QUÉ MURIÓ JESÚS?

NICKY GUMBEL

¿Por qué murió Jesús?
Título original: *Why Did Jesus Die?*
Publicado por primera vez en 1993 como parte de *Alpha—Preguntas de la vida*.

© 1993, 1996, 2003, 2010, 2016 Nicky Gumbel

Traducción española © 2009 Alpha International, Holy Trinity Brompton, Brompton Road, Londres SW7 1JA, Reino Unido.

Edición 2009, traducción de Jaime Álvarez Nistal revisada por Rosa María Leveritt-Santiváñez y José Alberto Barrera Marchessi.

Textos bíblicos tomados de la SANTA BIBLIA, NUEVA VERSIÓN INTERNACIONAL® NVI®. Derechos de autor © 1999, Sociedad Bíblica Internacional®. Usado con el permiso de la Sociedad Bíblica Internacional®. Todos los derechos reservados.

Ilustraciones de Charlie Mackesy

ISBN 978-1-934564-80-6

ÍNDICE

¿POR QUÉ MURIÓ JESÚS?

¿Qué tienen en común Madonna, Elton John, Bono[1] y el Papa? Una posible respuesta es que todos llevan una cruz. Hoy en día hay mucha gente que luce cruces en los pendientes, pulseras, collares o que, incluso, las lleva tatuadas en el cuerpo. Estamos tan acostumbrados a ver esto que no nos sorprendemos. Pero nos sorprenderíamos si viéramos a alguien que llevara la réplica de una horca o de una silla eléctrica colgada al cuello, y no caemos en la cuenta de que la cruz no fue sino un método más de ejecución. De hecho, fue uno de los métodos de ejecución más crueles conocidos por la humanidad. Fue abolida en el año 337 d. C. porque, finalmente, hasta los romanos la consideraron demasiado inhumana.

Sin embargo, la cruz siempre ha sido considerada como el símbolo de la fe cristiana. Un porcentaje significativo del contenido de los evangelios habla sobre la muerte de Jesús. Gran parte del resto del Nuevo

«Mmm..., ¿que los cuatro son famosos?».

Testamento se dedica a explicar lo que ocurrió en la cruz —por qué murió Jesús—. El rito central de la iglesia, esto es, la liturgia eucarística o el servicio de comunión o Santa Cena, se centra en el cuerpo fragmentado de Jesús y en su sangre derramada. Las plantas de las iglesias tienen, con frecuencia, forma de cruz. Cuando el apóstol Pablo fue a Corinto dijo: «Me propuse más bien, estando entre ustedes, no saber de cosa alguna, excepto de Jesucristo, y de éste crucificado» (1 Corintios 2,2). A la mayoría de los líderes que han influido en las naciones o que, incluso, han cambiado el mundo se les recuerda por el impacto de sus vidas. Jesús, quien más que cualquier otra persona cambió la faz de la historia universal, es recordado más por su muerte que por su vida.

¿Por qué hay tanto interés en la muerte de Jesús? ¿Cuál es la diferencia entre su muerte y la muerte de Sócrates o de uno de los mártires o de un héroe de guerra? ¿Qué consiguió? ¿Qué significa la expresión del Nuevo Testamento que afirma que él murió «por nuestros pecados»? ¿Por qué murió por nuestros pecados? La respuesta es, en pocas palabras: «porque Dios te ama». Raniero Cantalamessa, predicador de la Casa Pontificia, ha dicho: «El amor de Dios es la respuesta a todos los porqués de la Biblia: el porqué de la creación, el porqué de la encarnación y el porqué de la redención».[2] Jesús murió por nuestros pecados «porque tanto amó Dios al mundo, que dio a su Hijo unigénito» para morir por nosotros, de manera «que todo el que cree en él no se pierda, sino que tenga vida eterna» (Juan 3,16).

El problema

A veces, la gente dice: «Yo no necesito el cristianismo». Con esta afirmación, están diciendo algo así como: «Soy lo suficientemente feliz, mi vida es plena e intento ser amable con los demás y llevar una buena vida». Según la Biblia, todo ser humano ha sido creado a imagen y semejanza de Dios. Por eso, todos tenemos algo de bueno y de noble. Como ya he mencionado en el capítulo primero, esta percepción positiva de la naturaleza humana ha significado una fuerza tremenda a favor del bien en la historia universal. De hecho, dicha percepción ha sentado los cimientos de nuestra comprensión actual de la dignidad humana y de los derechos humanos. Comprensión que ha sido posible gracias a la convicción de que somos algo más que un simple amasijo de genes y que un mero producto de nuestro entorno. Pero no podemos ignorar la otra cara de la moneda. Ciertamente, tendría que admitir que, en mi propia vida, hay cosas que hago que sé que están mal —cometo errores—. Para entender por qué murió Jesús, debemos retroceder y fijarnos en el mayor de los problemas al que todos nos enfrentamos.

Si fuéramos sinceros, todos tendríamos que admitir que hacemos cosas que sabemos que están mal. Pablo escribió: «Todos han pecado y están privados de la gloria de Dios» (Romanos 3,23). En otras palabras, en comparación con los parámetros de Dios, todos nos quedamos muy por debajo. Si nos comparamos con atracadores, con individuos que abusan sexualmente de menores o, incluso, con nuestros vecinos, podemos creer que salimos bien parados. Pero si nos comparamos con Jesucristo, nos damos cuenta de lo cortos que nos hemos quedado. El dramaturgo y novelista Somerset Maugham dijo en una ocasión: «Si escribiera todos los pensamientos que he tenido y todas las acciones que he realizado, los hombres me llamarían monstruo depravado».[3]

La esencia del pecado es la rebelión contra Dios, es decir,

ignorar a Dios y actuar como si no existiera (Génesis 3) u optar por hacer cosas que están mal, lo que tiene como resultado que seamos separados de él. Como el hijo pródigo (Lucas 15), nos damos cuenta de que estamos lejos de la casa de nuestro Padre y de que tenemos nuestras vidas sumidas en el caos. A veces, la gente dice: «Si todos estamos en las mismas circunstancias, ¿por qué preocuparse?». La respuesta es que, conociendo las consecuencias del pecado, sí que hay que preocuparse. Podemos resumir esas consecuencias en los cuatro puntos siguientes.

La contaminación del pecado

Jesús nos advirtió de que podemos contaminar la vida que Dios nos ha dado. También afirmó que «lo que sale de la persona es lo que la contamina. Porque de adentro, del corazón humano, salen los malos pensamientos, la inmoralidad sexual, los robos, los homicidios, los adulterios, la avaricia, la maldad, el engaño, el libertinaje, la envidia, la calumnia, la arrogancia y la necedad. Todos estos males vienen de adentro y contaminan a la persona» (Marcos 7,20-23). Ésos son los elementos que contaminan nuestras vidas.

Podríamos objetar: «Yo no hago casi ninguna de esas cosas». Pero tan sólo una de ellas es suficiente para echar a perder nuestras vidas. Quizá nos gustaría que los Diez Mandamientos fueran como un examen en el que sólo tuviéramos que contestar correctamente a tres de un total de diez preguntas. Pero el Nuevo Testamento asegura que si infringimos *cualquier* parte de la ley, somos culpables de infringirla en su totalidad (Santiago 2,10). No es posible, por ejemplo, tener un permiso de conducir «razonablemente limpio». O está limpio completamente o no lo está. Una infracción de tráfico hace que nuestro permiso deje de estar limpio. Ocurre lo mismo con nosotros: una sola infracción hace nuestras vidas impuras.

El poder del pecado

Las cosas que hacemos mal tienen, por lo general, un poder adictivo. Jesús dijo: «Todo el que peca es esclavo del pecado» (Juan 8,34). Es más fácil ver esta realidad en algunas áreas de nuestra maldad que en otras. Es bien sabido, por ejemplo, que si alguien consume una droga dura, como la heroína, ese hábito se convertirá pronto en una adicción.

También es posible ser adicto al mal carácter, a la envidia, a la arrogancia, al orgullo, al egoísmo, a la calumnia o a la inmoralidad sexual. Estas tendencias pueden tomar el control de nuestras vidas. Podemos ser adictos a patrones de pensamiento o de comportamiento que no podemos eliminar por nuestras propias fuerzas. Ésta es la esclavitud de la que habló Jesús. Es ella la que tiene tanta fuerza destructiva en nuestras vidas.

El obispo anglicano J. C. Ryle, antiguo obispo de Liverpool, escribió en una ocasión:

> Todos y cada uno [de los pecados] tienen bajo su poder a una gran multitud de prisioneros desdichados, encadenados de pies y manos [...]. Estos prisioneros tan desgraciados […] presumen, a veces, de que son sumamente libres […]. No hay ninguna otra esclavitud semejante a ésta. El pecado es, ciertamente, el patrón más exigente: la única recompensa que ofrece a sus siervos es miseria y frustración en el camino, y desesperación e infierno al final de éste.[4]

La pena del pecado

Hay algo en la naturaleza humana que clama justicia. Cuando sabemos de niños que son víctimas de abusos sexuales o de ancianos que son atracados brutalmente en sus casas, deseamos ardientemente que los autores de esos actos sean arrestados y castigados. Estamos convencidos de que se les debería imponer un castigo. A menudo, nuestras motivaciones pueden entremezclarse: puede haber un elemento de venganza junto a un deseo de justicia. Pero existe lo que se denomina la «justa ira». Estamos en lo cierto al creer que los pecados deben castigarse y que la gente que hace ese tipo de cosas no debería quedar impune.

No son sólo los pecados de otras personas los que merecen castigo, sino también los nuestros. Un día seremos sometidos al juicio de Dios. Pablo nos dice que «la paga del pecado es la muerte» (Romanos 6,23).

La separación que resulta del pecado

La muerte de la que habla Pablo no es sólo física. Es una muerte espiritual, que conlleva una separación eterna de Dios. Esta desconexión de Dios comienza ahora. El profeta Isaías proclamó: «La mano del Señor no es corta para salvar, ni es sordo su oído para oír. Son las iniquidades de ustedes las que los separan de su Dios. Son estos pecados los que lo llevan a ocultar su rostro para no escuchar» (Isaías 59,1-2). Las cosas que hacemos mal nos separan de Dios. Es algo similar a lo que ocurre cuando discutimos con alguien y no podemos mirarle a los ojos. Algo ocurre entre nosotros. A veces, la gente dice: «He intentado orar pero parece que mi oración no llega a ninguna parte». Hay una división: lo que hemos hecho mal ha levantado una barrera entre nosotros y Dios.

La solución

Todos necesitamos afrontar el problema del pecado en nuestras vidas. Cuanto mayor sea la comprensión de nuestra necesidad, más valoraremos lo que Dios ha hecho. La buena noticia del cristianismo es que Dios nos ama y que no nos abandona en el caos en el que hemos sumido nuestras vidas.

En la persona de su Hijo Jesús, Dios vino al mundo para morir en nuestro lugar (2 Corintios 5,21; Gálatas 3,13). A eso se le ha llamado la «autosustitución de Dios».[5] En palabras del apóstol Pedro, «*Cristo* mismo, en *su* cuerpo, llevó al madero *nuestros* pecados [...]. Por *sus* heridas ustedes han sido sanados» (1 Pedro 2,24, cursiva del autor).

El último día de julio de 1941, las sirenas de Auschwitz anunciaron la huída de un prisionero del bloque 14. Como represalia, diez de sus compañeros de prisión iban a sufrir una larga y penosa muerte por inanición, después de ser encerrados en un búnker de hormigón construido con ese fin. Los hombres de ese bloque pasaron todo el día en formación, torturados por la insolación, el hambre y el miedo, mientras el comandante alemán y su asistente de las SS caminaban entre las filas de prisioneros para escoger, arbitrariamente, a las diez víctimas. Cuando el comandante señaló a un hombre, Francis Gajowniczek, éste gritó desesperado: «¡Mi mujer! ¡Mis hijos!». En aquel mismo instante, la insignificante figura de un hombre con los ojos hundidos y con unas gafas de cristales redondos y montura de alambre dio un paso al frente y se quitó la gorra.

—Soy un sacerdote católico; quiero morir por ese hombre. Yo soy viejo, él tiene mujer e hijos [...], yo no —dijo el padre Maximiliano Kolbe.

—Admitido —respondió el comandante antes de proseguir.

Aquella noche, nueve hombres y un sacerdote fueron encerrados en el «búnker del hambre». Era común que se devoraran los unos a los otros como caníbales. Pero esta vez no ocurrió así. Los prisioneros, desnudos y tumbados en el suelo, rezaron y cantaron salmos mientras sus fuerzas se lo permitieron. Después de dos semanas, dos de esos hombres y el padre Maximiliano todavía estaban vivos. Como el búnker se necesitaba para otros prisioneros, el 14 de agosto liquidaron a los tres supervivientes. A las 12.50 pm, después de dos semanas en el «búnker del hambre» y aún consciente, el sacerdote polaco recibió una inyección de ácido carbólico y murió a la edad de cuarenta y siete años.

El 10 de octubre de 1982, en la Plaza de San Pedro del Vaticano, Roma, la muerte del padre Maximiliano fue puesta en su justa dimensión. Entre los 150.000 presentes, que incluían veintiséis cardenales y trescientos obispos y arzobispos, estaban Francis Gajowniczek y su familia —puesto que, ciertamente, eran muchos los que se salvaron gracias a ese hombre—. El Papa, al describir la muerte del padre Maximiliano, dijo: «Ésta es una victoria sobre todos los sistemas de desprecio y odio en el hombre: una victoria como la de nuestro Señor Jesucristo».

Cuando Francis Gajowniczek murió, a la edad de noventa y cuatro años, leí su obituario en el periódico *The Independent*. Francis se pasó el resto de su vida viajando para contarle a la gente lo que Maximiliano Kolbe había hecho por él: morir en su lugar. La muerte de Jesús fue más asombrosa todavía, porque no fue sólo por un hombre que él murió, sino por todas y cada una de las personas del mundo.

Jesús vino al mundo como nuestro sustituto. Él sufrió la crucifixión por nosotros. Cicerón describió la crucifixión como «la tortura más espantosa y cruel». Jesús fue despojado de su ropa y atado a una columna para ser flagelado con cuatro o cinco tiras de cuero, entretejidas con fragmentos dentados y afilados de hueso y plomo. Eusebio, el historiador de la iglesia del siglo tercero, describió la flagelación romana en estos términos: «Las venas del azotado quedaban al descubierto y [...] los músculos, tendones e intestinos de la víctima, quedaban expuestos al aire». Lo llevaron, entonces, al cuartel general de Pilato, donde le incrustaron una corona de espinas en la cabeza y donde los seiscientos hombres de todo un batallón se burlaban de él mientras le golpeaban en la cara y en la cabeza. Le forzaron, después, a cargar con un pesado madero sobre sus hombros ensangrentados hasta que se desplomó, momento en el que obligaron a Simón de Cirene a cargarlo por él.

Cuando llegaron al lugar de la crucifixión, lo desnudaron de nuevo. Lo tendieron sobre la cruz y le atravesaron la base de las muñecas con unos clavos de quince centímetros de longitud. Le retorcieron las rodillas hacia un lado para poder clavarle los tobillos al madero e hicieron penetrar el clavo entre la tibia y el tendón de Aquiles de ambas piernas. Acto seguido, lo elevaron en la cruz, cuya base fue introducida, de golpe, en un agujero excavado en la tierra. Y, así, lo dejaron colgado, oprimido por un calor sofocante y una sed insoportable, y expuesto a las burlas de la muchedumbre. Permaneció allí, crucificado, hundido en un dolor inimaginable, durante seis horas, mientras su vida se iba consumiendo lentamente. Se alcanzó así, en una única acción, la cumbre del dolor y la sima de la vergüenza.

Sin embargo, la peor parte de su sufrimiento no fue el suplicio físico de la tortura y de la crucifixión o ni siquiera el dolor emocional de haber sido rechazado por el mundo y abandonado por sus amigos, sino la agonía espiritual: el sentirse separado de su Padre al tiempo que cargaba con nuestros pecados.

La victoria de Jesús fue total —no sólo murió por una persona, sino por todos nosotros—, pero también muy costosa. En los cuatro evangelios, oímos la agonía de Jesús en el huerto de Getsemaní. En su soledad, gritaba a su Padre: «¡*Abba*, Padre! […]. Aparta de mí esta copa, pero no sea lo que yo quiero, sino lo que quieres tú» (Marcos 14,36).

Raniero Cantalamessa escribe:

> En la Biblia, la imagen de la copa casi siempre evoca la idea de la ira de Dios contra el pecado […]. Dondequiera que exista el pecado, el juicio de Dios no puede sino centrarse en él; de otro modo, Dios transigiría con el pecado y la distinción misma entre el bien y el mal dejaría de existir. Ahora bien, Jesús [...] es [...]el hombre «hecho pecado». Cristo —está escrito— murió «por los pecadores»; murió no sólo por causa de ellos sino también en lugar de ellos […]. Él es, por tanto, «responsable» de todo, ¡el culpable ante Dios! Contra él «es revelada» la ira de Dios; eso es lo que significa «beber la copa»[6].

El resultado

La cruz es como un hermoso diamante con muchas caras. Se mire desde donde se mire, se pueden ver diversas luces y colores. La cruz es, en cierto modo, un misterio; es algo demasiado profundo para el entendimiento. Independientemente del ángulo desde donde la miremos, jamás comprenderemos toda su profundidad y hermosura. Estos ángulos se analizan en el Nuevo Testamento.

En primer lugar, la cruz demuestra lo mucho que Dios nos ama. Si en algún momento tienes la más mínima duda de que

Dios nos ama, mira la cruz. Jesús dijo: «Nadie tiene amor más grande que el que da la vida por sus amigos» (Juan 15,13). La cruz también nos dice algo sobre la naturaleza de Dios. Probablemente, la pregunta más importante que se hace la gente sobre el cristianismo es: «¿Cómo puede Dios permitir tanto sufrimiento en el mundo?». No hay respuestas sencillas a este interrogante tan complejo, pero lo que sí sabemos es que Dios no se mantiene al margen del sufrimiento. Ha venido en la persona de su Hijo, sufrió por nosotros y sufre ahora con nosotros. En la cruz, Jesús nos da un ejemplo de amor abnegado (1 Pedro 2,21). La cruz y la resurrección, que son, en el fondo, un único acontecimiento, nos dicen que los poderes de la muerte y del mal han sido derrotados (Colosenses 2,15).

Cada uno de estos aspectos merecería un capítulo aparte, algo que en esta edición resulta imposible debido a la escasez de espacio. Sin embargo, me gustaría centrarme en las cuatro imágenes que utiliza el Nuevo Testamento para describir lo que Jesús hizo por nosotros en la cruz.[7] Como el famoso autor John Stott (pastor anglicano y antiguo Rector Emérito de All Souls, Langham Palace, Londres) señala, cada imagen está tomada de un área diferente de la vida cotidiana.

La primera imagen proviene del *Templo*. En el Antiguo Testamento, se establecen leyes muy precisas sobre cómo proceder ante el pecado. Había todo un sistema de sacrificios que demostraba la gravedad del pecado y la necesidad de purificarse del mismo.

Lo más frecuente era que el pecador tomara un animal. El animal debía ser lo más perfecto posible. El pecador imponía sus manos sobre el animal y confesaba sus pecados. De este modo, se entendía que los pecados se transferían del pecador al animal, que era, entonces, sacrificado.

El autor de la carta a los Hebreos señala que «es imposible que la sangre de los toros y de los machos cabríos quite los pecados» (Hebreos 10,4). Esto era sólo una imagen o una «sombra» (Hebreos 10,1). La realidad llegó con el sacrificio de Jesús. Sólo la sangre de Cristo, nuestro sustituto, puede eliminar nuestros pecados. Cuando Juan el Bautista vio a Jesús, dijo: «¡Aquí tienen al Cordero de Dios, que quita el pecado del mundo!» (Juan 1,29). Sólo él era el sacrificio perfecto, puesto que sólo él vivió una vida perfecta. La sangre de Jesús nos purifica de todo pecado (1 Juan 1,7). Limpia y elimina *la contaminación del pecado*.

La segunda imagen está tomada del *mercado*. La deuda no es un problema exclusivo de los tiempos actuales; también fue un problema en épocas antiguas. Si alguien tenía deudas importantes, se le podía obligar a venderse a sí mismo como esclavo con el fin de pagarlas. Supongamos que un hombre estuviera de pie en medio del mercado, ofreciéndose como esclavo. Alguien podría sentir lástima de él y preguntarle: «¿Cuánto debes?». El deudor podría responder: «10.000». Imaginemos que el comprador se ofrece a pagar los 10.000 y, después, lo deja en libertad. Al hacer eso, lo estaría «redimiendo» mediante el pago de un «precio de rescate». De un modo parecido, en nuestro caso, hemos sido «justificados gratuitamente mediante la redención que Cristo Jesús efectuó» (Romanos 3,24). Jesús, a través de su muerte en la cruz, pagó el precio del rescate (Marcos 10,45).

De este modo somos liberados del poder del pecado. Ésta es la verdadera libertad. Jesús dijo: «Si el Hijo los libera, serán ustedes verdaderamente libres» (Juan 8,36). Cuando me convertí al cristianismo, fui liberado instantáneamente de algunas cosas, pero en otras áreas he experimentado una lucha continua. No es que nunca volvamos a pecar, sino que el poder del pecado sobre nosotros queda destruido.

Billy Nolan huyó de la marina mercante y fue alcohólico durante los treinta y ocho años que siguieron a su huida. Pasó veinte años bebiendo y mendigando a la puerta de nuestra iglesia HTB Brompton Road. El 13 de mayo de 1990 se miró en el espejo y se dijo: «Tú no eres el Billy Nolan que yo conocí». Como él mismo cuenta, pidió al Señor Jesucristo que entrara en su vida y le hizo la promesa de que nunca más volvería a beber alcohol. No ha vuelto a beber ni un trago desde entonces. Su vida ha sido transformada. Irradia el amor y la alegría de Cristo. Una vez, le dije: «Billy, se te ve muy contento». Él respondió: «Estoy contento porque soy libre. La vida es como un laberinto y, por fin, he encontrado una salida gracias a Jesucristo». La muerte de Jesús en la cruz hizo posible su liberación *del poder del pecado*.

La tercera imagen proviene del *tribunal*. Pablo afirma que por la muerte de Cristo «hemos sido justificados» (Romanos 5,1). La justificación es un término jurídico. Si alguien va a juicio y es absuelto, queda justificado. Hay un ejemplo que me ayuda de manera particular a entender lo que eso significa.

Dos jóvenes que fueron juntos a la escuela y a la universidad llegaron a hacerse muy buenos amigos. Una vez graduados, cada uno siguió su camino y perdieron el contacto. Uno llegó a ser juez, mientras que el otro fue cayendo cada vez más bajo, hasta que se convirtió en un delincuente. Un día, el delincuente acabó compareciendo ante su amigo, el juez. Había cometido un delito del que se declaró culpable. El juez, al reconocer a su viejo amigo, se enfrentó a un dilema. Era juez, por lo que debía actuar justamente; no podía dejar impune al acusado. Por otro lado, no quería castigar a ese hombre, puesto que le quería. Así que le dijo a su amigo que le iba a sancionar con la pena correspondiente a su delito. Eso es justicia. Acto seguido, se bajó del estrado y firmó un cheque por el importe de la multa que le había impuesto. Se lo dio a su amigo y le dijo que quería pagar la multa por él. Eso es amor.

Esto es un ejemplo de lo que Dios ha hecho por nosotros. En su justicia nos juzga porque somos culpables, pero, en su amor, descendió en la persona de su Hijo Jesucristo y pagó la pena por nosotros. De este modo él es, al mismo tiempo, «justo» (en el sentido de que no permite que el culpable salga impune) y «el que justifica» —Romanos 3,26— (en el sentido de que al cargar él mismo con la pena, en la persona de su Hijo, nos deja en libertad). Él es, al mismo tiempo, nuestro

Juez y nuestro Salvador. No es sólo un tercero inocente quien nos salva, sino el mismo Dios. De hecho, nos da un cheque y nos ofrece la posibilidad de elegir: ¿queremos que pague por nosotros u optamos por enfrentarnos al juicio de Dios por nuestra propia maldad?

El ejemplo que acabo de utilizar no es exacto por tres razones. En primer lugar, nuestra situación es mucho peor. La pena a la que nos enfrentamos no es tan sólo una multa, sino la muerte. En segundo lugar, la relación es más cercana. En este caso no se trata sólo de dos amigos: es nuestro Padre del cielo que nos ama más de lo que cualquier padre terrenal puede amar a su propio hijo. En tercer lugar, el precio fue mucho mayor: a Dios no le costó dinero, sino su único Hijo —quien pagó *la pena por el pecado*—.

La cuarta imagen está tomada del *hogar*. Hemos visto que tanto la raíz como la consecuencia del pecado consisten en la ruptura de la relación con Dios. El resultado de la cruz es la posibilidad del restablecimiento de esa relación. Pablo dice que «*en Cristo*, *Dios* estaba reconciliando al mundo consigo mismo» (2 Corintios 5,19, cursiva del autor). Hay gente que caricaturiza la enseñanza del Nuevo Testamento y sugiere que Dios es brutal e injusto porque castigó a Jesús, un tercero inocente, en vez de castigarnos a nosotros. Pero eso no es lo que dice el Nuevo Testamento. Lo que Pablo afirma, más bien, es que «Dios era […] en Cristo». Él mismo era el sustituto en la persona de su Hijo. Él hizo posible que nuestra relación con él fuera restablecida. La *separación que resulta del pecado* ha sido destruida; «la cortina del santuario del Templo se rasgó en dos, de arriba abajo» (Mateo 27,51).

Lo que le ocurrió al hijo pródigo también nos puede ocurrir a nosotros. Podemos volver al Padre y experimentar su amor y bendición. La relación no es sólo para esta vida: es una relación eterna. Un día estaremos con el Padre en un nuevo cielo y en una nueva tierra, en donde seremos para siempre libres, no sólo del castigo por el pecado, del poder del pecado, de la contaminación del pecado y de la división del pecado, sino de la presencia misma del pecado. Eso es lo que Dios ha hecho posible a través de su autosustitución en la cruz.

Dios nos ama muchísimo a cada uno, y desea entablar

una relación de amor con nosotros al igual que un padre humano desea tener una relación de amor con cada uno de sus hijos. Jesús no sólo murió por todos. Él murió por ti y por mí; se trata de algo profundamente personal. Pablo escribe sobre «el Hijo de Dios, quien me amó y dio su vida por mí» (Gálatas 2,20). Si tú hubieras sido la única persona sobre la faz de la tierra, Jesús habría muerto por ti. Como afirma S. Agustín: «Murió por cada uno de nosotros, como si sólo hubiera habido uno de nosotros». En el momento en que veamos la cruz en estos términos personales, nuestras vidas serán transformadas.

John Wimber, pastor estadounidense y líder de la iglesia, describió cómo la cruz se convirtió en una realidad personal para él:

Después de haber estudiado la Biblia durante aproximadamente tres meses, tenía conocimientos suficientes como para aprobar un examen elemental sobre la cruz. Entendía que había un Dios que podía conocerse en tres Personas. Comprendía que Jesús es completamente Dios y completamente hombre, y que murió en la cruz por los pecados del mundo. Pero no comprendía que yo era pecador. Me creía un buen tipo. Sabía que cometía errores de vez en cuando, pero no me daba cuenta de la gravedad de mi situación.

Un día por la tarde, Carol [su esposa] dijo: «Creo que ya es hora de poner en práctica lo que hemos estado aprendiendo». Entonces, ante mi mirada de estupefacción, se arrodilló en el suelo y empezó a orar ante lo que a mí me parecía el techo de escayola de la sala, diciendo: «Me arrepiento, oh Dios, de mi pecado».

No me lo podía creer. Carol era mejor persona que

yo y, sin embargo, se consideraba pecadora. Pude sentir su dolor y la profundidad de su oración. Poco después se echó a llorar, mientras repetía: «Me arrepiento de mi pecado». Había seis o siete personas en la sala, todos estaban con los ojos cerrados. Les miré y me dije: *«¡Todos ellos también han hecho esta oración!».* Empecé a sudar la gota gorda. Por un momento creí que iba a morir. El sudor corría por mi cara y pensé: «No voy a hacerlo. Es una tontería, soy un buen tipo». Entonces, me di cuenta de algo importante: Carol no estaba orando al techo de escayola de la sala; estaba orando a una persona, a un Dios que podía escucharla. Comparándose con él, ella sabía que era pecadora y que necesitaba su perdón.

En un instante, la cruz cobró un sentido personal para mí. De repente supe algo que nunca había sabido antes: había herido los sentimientos de Dios. Él me amaba y en su amor por mí había enviado a Jesús. Pero yo me había apartado de ese amor; lo había rechazado durante toda mi vida. Yo también era pecador y necesitaba la cruz desesperadamente.

Entonces, también yo me arrodillé en el suelo, sollozando, moqueando, con los ojos inundados de lágrimas y sudando copiosamente por cada poro de mi piel. Tuve un sentimiento de absoluta certeza de que estaba hablando con alguien que había estado conmigo durante toda mi vida, pero al que no había reconocido. Como Carol, empecé a hablar al Dios vivo, y a decirle que era pecador. Pero las únicas palabras que podía articular en alto eran: «Oh, Dios; oh, Dios».

Sabía que estaba ocurriendo algo revolucionario dentro de mí. Pensé: «Espero que esto funcione, porque estoy haciendo un ridículo absoluto». Entonces, el Señor me hizo recordar a un hombre que había visto en Pershing Square, en Los Ángeles, hacía algunos años. Llevaba un mensaje que decía: «Estoy loco por Cristo. Y tú, ¿por quién estás loco?». Mi reacción en aquel momento fue: «Nunca he visto nada tan absurdo». Pero, esta vez, arrodillado en el suelo, me di cuenta de la verdad de aquel extraño mensaje: la cruz «es una locura para los que se pierden» (1 Corintios 1,18). Aquella noche me arrodillé ante la cruz y creí en Jesús. He sido un loco por Cristo desde entonces.[8]

Notas

1. N. del T.: Vocalista de la banda de rock irlandesa U2.

2. Raniero Cantalamessa, *Life in Christ* (Vineyard Publishing, 1997), p. 7. Hay traducción española: *La vida en Cristo* (PPC, 1998).

3. Jeffrey Myers, *Somerset Maugham* (University of Michigan Press, 2004), p. 347.

4. Bishop J. C. Ryle, *Expository Thoughts on the Gospel*, Vol. III, John 1:1-John 10:30 (Evangelical Press, 1977).

5. John Stott, *The Cross of Christ* (Inter Varsity Press, 1996). Véase también el *Catecismo de la Iglesia Católica*, primera parte, segunda sección, capítulo segundo, artículo 4, párrafo 2, § 615, titulado: «Jesús reemplaza nuestra desobediencia por su obediencia». Por su obediencia hasta la muerte, Jesús llevó a cabo la sustitución del Siervo doliente que «se dio a sí mismo en expiación», «cuando llevó el pecado de muchos», a quienes «justificará y cuyas culpas soportará».

6. Raniero Cantalamessa, *Life in Christ* (Vineyard Publishing, 1997), pp. 52-53.

7. Para hablar sobre conceptos religiosos, usamos metáforas y parábolas. En lo referente al concepto de expiación no hay ninguna metáfora destacable ni ninguna parábola que abarque su contenido. Todo son aproximaciones que, como los radios de una circunferencia, convergen en el mismo punto central sin, prácticamente, llegar a tocarlo.

8. John Wimber, *Equipping the Saints*, Vol. 2, No. 2, Spring 1988 (Vineyard Ministries, 1988).

LIBROS PUBLICADOS POR ALPHA

Títulos disponibles en español:

¿Por qué Jesús? Este folleto de evangelización escrito por Nicky Gumbel corresponde al segundo y tercer tema de Alpha: «¿Quién es Jesús?» y «¿Por qué murió Jesús?». Se usa idealmente como obsequio para los invitados al inicio de Alpha y su lectura es recomendada a todos los participantes. En palabras de Michael Green, es «la presentación de Jesús más clara, desafiante y mejor ilustrada que conozco».

¿Por qué la Navidad? Es la edición navideña de *¿Por qué Jesús?* y es ideal para regalar a todo aquel que viene a la iglesia durante el tiempo navideño. Es, además, el recurso perfecto para promover Alpha en Navidad.

¿Por qué la Pascua? Es la edición de Pascua de *¿por qué Jesús?* Se centra en la resurrección de Cristo y es ideal como un regalo gratuito de la iglesia durante la temporada de Pascua.

Temas candentes. Este libro contiene las respuestas que Nicky Gumbel da a las siete preguntas más frecuentes que hacen los participantes en Alpha. *Temas candentes* es para quienes buscan explicaciones a algunas de las preguntas más difíciles y complejas del cristianismo, tales como el sufrimiento, las otras religiones, el sexo antes del matrimonio, etc. Este libro también es para quienes están interesados en hablar a sus conocidos, familiares y amigos sobre Jesucristo. Contiene muchas respuestas útiles, tanto para quienes quieren usarlo como lectura personal, como para quienes lo necesitan como material de referencia para el diálogo en los grupos pequeños.

La fe que vence al mundo. «En junio de 2005, fue un gran privilegio recibir la visita del P. Raniero Cantalamessa, quien inauguró nuestra Conferencia Internacional de Alpha. Su discurso en esa ocasión, "La fe que vence al mundo", ha sido una inspiración para todos los que participamos en Alpha y le estamos enormemente agradecidos por permitirnos publicarla en este folleto» (Nicky Gumbel).

Él y Ella: Cómo establecer una relación duradera. Este libro best-seller por Nicky y Sila Lee es una lectura esencial para cualquier casados o novios. Actualizado y revisado.

El libro para padres de familia. Basándose en su experiencia personal, Nicky y Sila Lee aportan nuevas ideas y tiempo-probados valores para la tarea de criar a sus hijos. Lleno de valiosos consejos y consejos prácticos, el libro sobre la crianza de los hijos es un recurso para los padres a volver una y otra vez.

Si quieres saber más sobre Alpha, contacta:

La oficina de Alpha International
Alpha International
Holy Trinity Brompton
Brompton Road
Londres SW7 1JA
Reino Unido
e-mail: info@alpha.org
alpha.org

En las Américas
Alpha América Latina y el Caribe
e-mail: latinoamerica@alpha.org
e-mail: recursos@alpha.org
alpha.org/Latinoamérica

Alpha Argentina
e-mail: oficina@alpha.org.ar
alpha.org.ar

Alpha Colombia
e-mail: oficina@alphacolombia.org
alpha.org/colombia

Alpha Costa Rica
e-mail: latinoamerica@alpha.org
alpha.org/latinoamerica

Alpha México
e-mail: oficinamexico@alpha.org.mx
alpha.org/mexico

Alpha EE.UU.
e-mail: questions@alphausa.org
alphausa.org

En Canadá
Alpha Canadá
e-mail: office@alphacanada.org
alphacanada.org

En España y Europa
Alpha España
e-mail: info@cursoalpha.es
alpha.org/espana

www.ingramcontent.com/pod-product-compliance
Lightning Source LLC
Chambersburg PA
CBHW060549030426
42337CB00021B/4509